Préambule

Vous avez entre les mains un véritable programme d'entraînement pour consolider votre confiance en vous-même et ce, en un minimum de temps.

Pour (re)trouver confiance en soi, il est important de franchir 16 étapes : les 16 degrés de la confiance en soi, qui s'appuient sur les 4 piliers de la confiance en soi :

- Se connaître.
- S'accepter.
- Agir.
- S'affirmer.

Ce programme d'entraînement est construit de la façon suivante : chaque degré est introduit par une citation inspirante et clôturé par un plan d'actions. Entre les deux, je vous apporte des notions qui permettent de mieux comprendre les mécanismes à l'œuvre dans notre manque de confiance. Les exercices proposés sont facilement réalisables, même avec un emploi du temps déjà bien chargé.

Vous pouvez réaliser ces exercices dans l'ordre proposé, mais aussi en fonction de vos besoins du moment.

A l'issue de ce parcours :

- Vous aurez identifié en quoi et dans quels secteurs vous manquez le plus de confiance en vous-même.
- Vous aurez identifié les croyances qui vous empêchent d'avoir confiance en vous et comment les « ramollir ».
- Vous aurez identifié vos valeurs, vos points forts et vos talents.
- Vous aurez identifié vos saboteurs et vos axes d'amélioration.
- Vous aurez identifié ce que vous n'aimez pas en vous et qui vous empêche d'avoir confiance en vous.
- Vous saurez ce qui vous empêche de vous accepter tel que vous êtes.
- Vous mettrez en place les bases d'une bonne estime de vous-même.
- Vous appliquerez les outils pour vous entraîner à faire de vous-même votre meilleur allié.
- Vous saurez comment stimuler votre confiance en vous-même.
- Vous saurez vous fixer des objectifs concrets et réalistes.
- Vous saurez comment agir malgré vos peurs.

- Vous commencerez à poser des actions solides vers plus de confiance en vous-même.

Vous serez en mesure de tirer tous les bénéfices de l'affirmation de soi :
- Vous vous ferez entendre et comprendre.
- Vous saurez prendre votre place.
- Vous saurez exprimer vos envies, vos besoins.
- Vous saurez parler de vous avec aisance.
- Vous saurez prendre position et donner votre opinion sans crainte.
- Vous saurez dire non sans agressivité ni culpabilité.
- Vous serez à l'aise dans toutes vos situations de communication.

Mais surtout, ne me croyez pas sur parole, faites vos propres expériences, constatez par vous-même.
Vous pourrez déjà mesurer vous-même vos progrès en faisant l'autodiagnostic que je vous propose en début et en fin de parcours.

53 exercices

31 citations pour maintenir et rebooster sa confiance en soi

Avant de commencer votre programme, je vous invite à faire votre autodiagnostic

Attribuez-vous 1 point chaque fois que vous vous reconnaissez dans les situations décrites :

1. Vous êtes en réunion et vous n'osez pas prendre la parole. Vous avez peur de ce que les autres vont penser ou dire de vous. Vous avez peur de paraître ridicule.

2. Vous n'osez pas dire non : à vos collègues, à votre conjoint, à votre famille.

3. Vous avez du mal à faire des demandes : vous n'osez pas demander à votre conjoint d'aller faire une balade ; à vos parents d'arrêter de se mêler de vos affaires ; vous n'osez pas demander à votre chef de service de clarifier un point.

4. Vous avez du mal à vous faire respecter. Vous vous « laissez marcher sur les pieds ». Comme vous le dites « Trop bon, trop con. » En effet, vous n'osez pas vous faire respecter, dire non, vous acceptez encore et toujours. Vous dites que l'autre abuse, mais vous vous laissez faire.

5. Vous ne savez pas quoi répondre à une remarque injustifiée ; vous n'avez pas le sens de la répartie. Vous ne dites rien et vous partez, blessé-e, mécontent-e de vous.

6. Vous perdez vos moyens quand vous êtes dans une situation à fort enjeu pour vous (entretien d'évaluation, de recrutement, examen oral...)
7. Vous n'osez pas dire ce que vous pensez par peur de paraître ridicule ou d'être rejeté-e.
8. Vous doutez de vos qualités, de vos compétences, vous vous trouvez nul-le.
9. Une opportunité professionnelle se présente et vous correspondez au profil recherché. Vous aimeriez bien candidater, mais vous n'avez pas suffisamment confiance en vous, et vous n'osez pas agir : vous ne postulez pas.

Si vous avez au moins 5 points, vous souffrez d'un réel manque de confiance en vous et vous trouverez sûrement des réponses dans ce programme.

Moins de 5 points, vous avez une confiance en vous qui peut fluctuer selon les circonstances. Ce programme peut vous donner des clés pour y remédier.

SOMMAIRE

Préambule

PILIER 1 : Se connaître

« Ne vous inquiétez pas si vous bougez lentement ; inquiétez-vous si vous restez immobile. » **Proverbe chinois**

Degré 1

J'identifie en quoi précisément je manque de confiance en moi.

Pour mieux comprendre :

Nous sommes très nombreux à manquer de confiance en nous-mêmes, en nos capacités, nos compétences et ce manque de confiance nous empêche souvent de prendre les « bonnes » décisions et d'agir.

La première marche à franchir pour avoir confiance en soi, c'est d'avoir une « suffisamment » bonne connaissance de soi. Pour améliorer et renforcer votre confiance en vous, il est nécessaire de vous connaitre mieux.

Dans un premier temps, je vous invite donc à identifier en quoi précisément vous manquez de confiance en vous : dans quels secteurs votre vie, dans quelles situations plus particulièrement.

Plan d'actions

Exercice
Prenez papier et crayon et notez en quoi vous manquez le plus de confiance en vous : En ce que vous êtes ?   - Préciser   En ce que vous pouvez ?   - Préciser   En ce que vous voulez ?   - Préciser   Puis, notez dans quel domaine particulièrement, vous manquez de confiance en vous, en évaluant sur une échelle de 0 à 100 % :   Dans le domaine familial ?   Dans le domaine conjugal ?   Dans le domaine social ?   Dans le domaine professionnel ?   Décrivez, de manière très précise et très concrète les 3 situations dans lesquelles vous estimez manquer de confiance en vous. 3 situations que vous souhaitez régler dans un avenir proche.*

*Exemples de problématiques. Voici une liste de situations de manque de confiance en soi. Vous pouvez cocher les affirmations qui vous correspondent :
- J'ai tendance à ruminer, ressasser mes défauts, mes faiblesses, mes erreurs.
- Je trouve que je ne suis pas assez intelligent-e, compétent-e.
- Je ne suis pas attirant-e.
- J'accorde plus d'importance aux opinions des autres qu'aux miennes.
- Je fais tout pour ne pas déplaire aux autres.
- J'ai besoin que les autres approuvent mes choix, mes décisions.
- Je manque de buts précis.
- J'ai tendance à me comparer aux autres pour évaluer ma propre valeur.
- Je n'ose pas exprimer mes positions car j'ai peur que les autres me rejettent.
- Je fais toujours passer les autres avant moi.
- Je n'ose pas dire non.
- J'ai tendance à penser et à dire que les autres valent mieux que moi.

Domaine
familial
de 0 à 100%

Domaine
conjugal
de 0 à 100%

Domaine
professionnel
de 0 à 100%

Domaine
social
de 0 à100%

Situation 1

Situation 2

Situation 3

« Crois que tu le peux et tu as déjà fait la moitié du chemin » Théodore Roosevelt

---

Degré 2

Quelles sont les croyances qui m'empêchent d'avancer ?

Pour mieux comprendre :

Connaissez-vous l'histoire de cet homme enfermé dans une chambre froide et qui mourut de froid car il n'avait pas pu en sortir ? Et connaissez-vous la tragique vérité ? Cet homme mourut parce qu'il avait cru que la porte était verrouillée et que la seule issue pour lui était donc la mort. En réalité, la porte n'était pas verrouillée. S'il avait simplement imaginé l'ouvrir, la porte se serait ouverte et l'homme serait encore vivant.
Cet homme a été victime de lui-même, victime de sa croyance !

On a l'habitude de classer les croyances en 3 catégories :
- Les croyances neutres.
- Les croyances limitantes.
- Les croyances dynamisantes.

Les croyances neutres n'ont aucune influence sur nous. Par exemple, si vous croyez que les limaces sont les cousines des escargots, cette croyance a priori ne vous affecte en rien.

Par contre, les croyances limitantes sont celles qui nous freinent, qui nous empêchent d'avancer, d'avoir confiance en nous, qui nous enferment comme dans la chambre froide. L'inconvénient des croyances c'est que nous y croyons « dur comme fer » et que, du coup, nous ne sommes pas en capacité d'envisager une autre option. C'est ce qui a conduit notre pauvre homme à la mort. Il croyait tellement que la porte ne pouvait être que verrouillée, que la pensée qu'elle ne l'était peut-être pas ne l'a pas effleuré une seconde !

Quant aux croyances ressources, elles nous dynamisent, nous inspirent, stimulent notre créativité, notre joie de vivre, notre combativité.

La bonne nouvelle, c'est que nos croyances ne sont pas l'expression de LA VERITE. Elles sont des outils, des balises que nous nous sommes forgés au fil des années et de nos expériences et qui nous permettent de nous situer par rapport à nous-même, aux autres et au monde. Ce sont des outils qui nous aident à tracer notre route.

Chacun de nous a sa propre caisse de ces outils. Certains nous ont été bien utiles à un moment de notre vie, dans notre enfance par exemple. Mais le sont-ils encore aujourd'hui ?

Il s'agit donc de raisonner, non pas en faux ou en vrai mais en utile ou en néfaste : cette croyance m'est-elle utile pour avancer, réaliser mes projets, ou m'est-elle néfaste ?

Par exemple, si vous croyez que vous avez les forces nécessaires pour réaliser votre projet, voilà une croyance dynamisante. En revanche, si vous doutez de vos capacités, si vous pensez que, globalement, vous êtes « nul-le », « incapable », vous risquez fort de ne pas aller bien loin, car vous serez freiné-e, limité-e, entravé-e par cette croyance.

Votre deuxième plan d'actions va être consacré à l'identification de vos croyances, tant limitantes que dynamisantes dans le domaine de la confiance en soi :

« Celui qui se cherche des limites en trouve sans limites » Proverbe persan

Plan d'actions

Exercice
Prenez une feuille de papier et tracez 3 colonnes, comme dans l'exemple ci-après :

Mes croyances sur moi-même

Croyances	Utile – dynamisante	Inutile – freinante – limitante
Je suis nul-le		X
Je peux apprendre encore à mon âge	X	
Je ne mérite pas de réussir		X
Si on veut, on peut.	X	

Quel constat faites-vous ? Avez-vous plus de croyances limitantes que dynamisantes ? Parmi les croyances limitantes, quelles sont celles dont vous ne voulez plus car vous comprenez qu'elles vous empêchent d'avoir confiance en vous ?

Notez-les sur une feuille à part en les hiérarchisant : notez en 1 celle qui vous pose le moins de problème et en dernier celle dont vous n'êtes pas sûr-e de pouvoir vous défaire.

Il y a plusieurs méthodes pour commencer à « ramollir » vos croyances limitantes. Je vous en propose une. Pour chacune des croyances limitantes que vous avez notées sur une feuille à part, commencez par la première et répondez par écrit aux questions suivantes :
En quoi cette croyance m'est utile à court et moyen terme ?
Y a-t-il une preuve factuelle à cette croyance ?
Se pourrait-il que je me trompe en croyant cela ?
En viendrais-je à la même conclusion s'il s'agissait d'une autre personne dans une situation analogue ?
Pourquoi devrais-je continuer à agir et à ressentir comme si c'était vrai s'il n'y a pas de bonne raison de le croire ?

Exemple : quelle preuve avez-vous que vous êtes nul-le ? Sur quel fait, concret, précis, vous appuyez-vous pour affirmer cela ? Prenez votre temps. Une fois que la première croyance commence à se ramollir, passez à la seconde et ainsi de suite, jusqu'à la dernière.

« Soyez vous-même ; les autres sont déjà pris. » Oscar Wilde

Degré 3

Quels sont mes valeurs, mes points forts, mes talents ?

Pour mieux comprendre :

A présent que vous avez identifié en quoi vous manquez le plus de confiance en vous, et quelles sont les croyances qui vous freinent, il est nécessaire que vous preniez conscience de vos valeurs, de vos points forts et de vos talents, qui constituent votre « moi authentique ».

Je vous invite à commencer par identifier vos valeurs. En effet, nos valeurs sont en quelque sorte notre « colonne vertébrale », ce qui nous fait tenir debout, ce qui guide nos choix, nos prises de décision. Nos valeurs sont en quelque sorte notre « GPS » interne. Une valeur est ce en quoi nous croyons profondément et qui nous sert de point de repère, de référence, de guide pour penser et agir.

Quand notre vie est accordée à nos valeurs, nous manifestons un niveau élevé de confiance en soi.

A l'inverse, si nous réalisons des activités, ou bien si nous nous trouvons dans un environnement contraires à nos valeurs, qui nous conduisent à trahir nos valeurs, alors nous sommes en énergie basse, nous nous épuisons, car nous sommes à contre-courant de nous-mêmes.

Etre en accord avec ses valeurs est un besoin aussi vital et aussi premier que manger, dormir, respirer. La seule différence, c'est que l'inanition psychique n'est pas visible, mais le risque d'inanition existe bel et bien et c'est notre équilibre qui peut être menacé, en l'occurrence une forte baisse de confiance en soi.

Identifier nos valeurs nous permet de comprendre ce que nous recherchons dans les projets que nous entreprenons. C'est le respect de nos valeurs qui donne de la cohérence à qui nous sommes de manière profonde et authentique.

D'où l'importance, voire la nécessité pour chacun de nous, d'apprendre à identifier ses propres valeurs.

« Le talent n'est pas rare ; tout le monde en a. Plus rare est le courage de suivre le talent où il mène. » Anonyme

Plan d'actions

Je vous propose 3 méthodes pour identifier vos valeurs :

1- L'exercice des « mentors »

Comme vous le savez, un mentor est un « Guide attentif et sage, conseiller expérimenté. » (définition du Larousse). C'est une personne qu'on admire, qu'on a envie de côtoyer, qu'on sollicite pour avoir des conseils avisés, pour clarifier ce qu'on ne comprend pas, qui nous guide sur notre chemin, qui nous soutient, nous exhorte, nous accompagne.

Je vous propose de tracer un tableau de 3 colonnes : 1 colonne « Mentors » ; 1 colonne « Ses traits de personnalité que j'aimerais avoir » ; 1 colonne : « Les valeurs sous-jacentes ».

Mentors	Ses traits de personnalité que j'aimerais avoir	Les valeurs sous-jacentes

L'exercice est intéressant quand on identifie au moins 3 « mentors ».

Une fois votre tableau rempli, vous entourez les valeurs les plus importantes à vos yeux. L'objectif étant d'en retenir entre 5 à 10.

Pour vous aider, si vous êtes à court d'idées, vous trouverez ci-après une liste des valeurs les plus répandues. :

Accomplissement, action, adaptation, affirmation, altruisme, ambition, amitié, amour, apprentissage, authenticité, autonomie, aventure, beauté, bien-être, bienveillance, bonheur, bonté, calme, compassion, compétence, conciliation, confiance, confort, conscience, coopération, courage, créativité, croissance, découverte, détachement, détermination, dévouement, discernement, discipline, disponibilité, don, douceur, éducation, efficacité, égalité, élégance, empathie, encouragement, endurance, enthousiasme, entraide, équilibre, espérance, excellence, expérimentation, famille, fidélité, force, franchise, générosité, honnêteté, honneur, humanité, humour, indépendance, inspiration, intégrité, intelligence, invention, joie, justice, liberté, maîtrise, optimisme, paix, persévérance, plaisir, prospérité, puissance, qualité, réalisme, respect, responsabilité, réussite, richesse, sagesse, sensibilité, sens de la vie, sérénité, silence, simplicité, sincérité, sociabilité, spiritualité, succès, tendresse, tolérance, transmission, universalité, utilité, vérité, vision, volonté.

Remplissez les deux colonnes du tableau ci-après :

Ce qui est important, capital, fondamental pour moi, que je ne veux surtout pas perdre ou qu'on me prenne.	En quoi est-ce important pour moi ? Cela me permet de….

3- Répondez aux questions suivantes :

« D'une manière générale, qu'est-ce qui vous motive ? »

« Qu'est-ce qui est le plus important pour vous ? »

« Qu'est-ce qui vous pousse à agir ? »

« Qu'est-ce qui vous fait sortir du lit le matin ? »

Vous savez que vous êtes connecté-e à vos valeurs quand vous ressentez de la satisfaction, de l'harmonie ; vous en êtes déconnecté-e, quand vous vous sentez insatisfait-e ou perturbé-e.

Passons à présent à l'identification de vos points forts et de vos talents.

Pour connaître vos talents, il vous suffit d'identifier les points suivants :

- Ce que vous faites bien et facilement.
- Ce que vous aimez faire, qui vous procure du plaisir.
- Vos centres d'intérêt ; vos passions.
- Ce qui est reconnu par les autres : ce que disent de vous votre famille, vos amis, vos collègues : ce peut être quelque chose d'anodin pour vous mais qui suscite de l'admiration de leur part : « super bricoleur-se » ; « as de l'informatique »; « un-e vrai-e cordon-bleu » ; « dès que S. se retrouve dans un groupe, même si elle ne connaît personne, elle se fait des amis dans le quart d'heure qui suit » ; « Madame l'Académie Française »..... .

> *« Faites ce que vous pouvez, avec ce que vous avez, là où vous êtes. »* Théodore Roosevelt

Plan d'actions

Exercice 1	Exercice 2
Prenez papier et crayon et notez les activités que vous réalisez facilement, avec plaisir et compétence. Exemples : Vous aimez recevoir et vos soirées sont toujours des réussites ! On vient vous confier des secrets parce que vous savez écouter et tenir votre langue. Vous êtes sociable et savez mettre les gens à l'aise. Vous êtes un-e as du bricolage. .	Etablissez une liste des qualités que vous pouvez extraire de vos talents. Par exemple, vous pouvez identifier, à partir des exemples de la première colonne, que vous êtes naturellement organisé, sociable, à l'écoute, disponible, serviable, ... vous êtes naturellement habile dans un ou plusieurs domaines.

Si vous avez appliqué les consignes, vous devez pouvoir extraire au moins 3 qualités ou talents.

« Vous n'avez pas besoin de voir tout l'escalier. Montez simplement une marche à la fois. » Martin Luther King

---

Degré 4

Quels sont mes points d'amélioration ?

Pour mieux comprendre :

Le fait de bien se connaître est un point essentiel pour prendre confiance en soi. C'est d'ailleurs la fameuse question posée lors d'un entretien d'embauche : « quelles sont vos qualités, et quels sont vos défauts ? »

Plus vous vous connaissez et plus il vous est facile de parler de vous, notamment quand il s'agit de vous présenter brièvement. Quand vous vous connaissez, les mots vous viennent facilement et avec fluidité : pas d'hésitation, pas de bafouillage. Une personne qui s'exprime ainsi inspire confiance : elle sait de quoi elle parle, elle connaît son sujet.

On ne peut pas avoir confiance en soi si on ne se connaît pas. En effet, « avoir confiance en » signifie « se fier à » : je me fie à ce que je connais, à ce dont je suis sûr-e. Je me méfie et j'évite ce qui est flou et incertain.

Et si vous n'avez pas confiance en vous, si vous-même n'êtes pas prêt-e à vous fier à vous-même, comment et pourquoi voulez-vous que les autres se fient à vous ?

La connaissance de soi est donc un des piliers de la confiance en soi.

Plan d'actions

Exercice 1

Notez les situations dans lesquelles vous êtes mal à l'aise, dans lesquelles vous vous sentez en difficulté, perdu-e.
Par exemple :
-Vous n'osez pas prendre la parole en réunion.
-Vous « encaissez » toujours.

A partir de ces situations, vous allez extraire vos « défauts » : exemple : je suis timide ; je suis faible.

Exercice 2

Faites une liste des défauts que votre entourage professionnel et personnel a tendance à pointer.

Exercice 3

A partir des deux exercices précédents, établissez une liste des défauts – réels et supposés – que vous avez identifiés.

Votre travail à présent est d'en noter entre 3 à 5 qui, selon vous, vous caractérisent vraiment.

J'identifie mon « saboteur »

Il y a encore un petit travail à faire : « débusquer votre saboteur », cette part de vous qui s'ingénie à saper votre souhait de réussite et toutes vos bonnes résolutions.

En effet, ce qui nous empêche aussi d'avoir confiance en nous, c'est le critique intérieur. Vous savez cette petite voix dans votre tête qui critique tout ce que vous êtes, pensez, dites et faites.

Ce critique intérieur vous dénigre chaque fois qu'il le peut et sape ainsi votre confiance en vous.

Il est à l'œuvre, à l'instant même, au moment où vous lisez ces lignes.

Pensez-y : chaque fois que vous aurez tendance à vous décourager, à baisser les bras, à laisser tomber, à vous dénigrer, rappelez-vous que c'est votre saboteur qui est à l'œuvre, cette partie de vous-même qui veut vous empêcher d'avancer.

Ignorez-le simplement. Laissez-le parler tout seul. Ne prêtez pas attention à ses paroles qui vous tirent vers le bas.

Revenons aux qualités que vous avez identifiées et répartissez-les en 3 colonnes :

qualités que vous vous reconnaissez	qualités que les autres vous prêtent	qualités que vous pensez ne pas avoir et que vous aimeriez posséder

Faites de même pour les défauts :

défauts que l'on vous a dit qu'il ne fallait pas avoir	défauts que vous avez identifiés comme étant les vôtres	Défauts que les autres vous prêtent	Défauts qui peuvent être des qualités *

*Attention : les défauts que vous identifiez peuvent être des qualités dans certains contextes. Par exemple, si, pour vous, « être têtu-e » est un défaut dans votre vie privée, cela peut être une qualité dans votre vie professionnelle parce que cela vous permet de ne pas vous décourager, de faire preuve de détermination, de ténacité.

DEUXIEME PILIER : S'accepter

« Ne laissez pas l'opinion de quelqu'un d'autre devenir votre réalité. » Les Brown

---

Degré 5

Pourquoi est-ce si difficile de s'accepter ?
Qu'est-ce que je n'accepte pas en moi ?

Pour mieux comprendre :

Maintenant que vous avez fait le point sur qui vous êtes et dans quelles situations vous manquez de confiance en vous, vous êtes prêt à franchir les 3 étapes suivantes.

La première de ces 3 étapes, c'est d'apprendre à vous accepter tel-le que vous êtes, avec vos qualités, vos talents, vos défauts, vos manques et ainsi, d'apprendre à devenir votre meilleur allié.

S'accepter soi-même avec tous ses aspects, tant positifs que négatifs est une tâche très difficile.

Pourquoi est-il si difficile de s'accepter ?

L'acceptation de soi implique les affirmations suivantes :

1ère affirmation : J'ai de la valeur
Pour illustrer ce point, voici une belle métaphore :
« A combien vous estimez-vous ?
Un conférencier bien connu commence son séminaire en tenant bien haut un billet de 50 euros.
Il demande aux gens : "Qui aimerait avoir ce billet?"
Les mains commencent à se lever, alors il dit :
"Je vais donner ce billet de 50 euros à l'un d'entre vous mais avant laissez-moi faire quelque chose avec."
Il chiffonne alors le billet avec force et il demande : "Est-ce que vous voulez toujours ce billet ?"
Les mains continuent à se lever.
"Bon, d'accord, mais que se passera-t-il si je fais cela."
Il jette le billet froissé par terre et saute à pieds joints dessus, l'écrasant autant que possible et le recouvrant des poussières du plancher.
Ensuite il demande : "Qui veut encore avoir ce billet ?"
Évidemment, les mains continuent de se lever !
"Mes amis, vous venez d'apprendre une leçon...
Peu importe ce que je fais avec ce billet, vous le

voulez toujours parce que sa valeur n'a pas changé, il vaut toujours 50 euros."

"Alors pensez à vous, à votre vie. Plusieurs fois dans votre vie vous serez froissé, rejeté, souillé par les gens ou par les événements. Vous aurez l'impression que vous ne valez plus rien mais en réalité votre valeur n'aura pas changé aux yeux des gens qui vous aiment !

La valeur d'une personne ne tient pas à ce que l'on a fait ou pas, vous pourrez toujours recommencer et atteindre vos objectifs car votre valeur intrinsèque est toujours intacte."

2ème affirmation : Personne n'est parfait...

Aucun être humain n'est parfait. Et pourtant, beaucoup d'entre nous agissent comme s'il était possible de l'être. Les perfectionnistes ont beaucoup de mal à s'accepter. Bien sûr, puisque rien de ce qu'ils font n'est parfait, alors ils se dévalorisent, ils s'en veulent à eux-mêmes, ils se jugent sévèrement. Les perfectionnistes pratiquent l'auto-critique, un véritable poison pour la confiance en soi. C'est un des saboteurs les plus puissants.

3ème affirmation : Je suis unique et non duplicable

Vous êtes unique parce que personne n'est une copie de personne. Il n'y en a qu'un-e comme vous. Vous pouvez avoir un modèle, pour vous inspirer, mais vous ne serez jamais identique à votre modèle.

D'où l'erreur que vous commettez quand vous vous comparez à d'autres et essayez à tout prix d'être comme eux.

Plan d'actions

Exercice : « Ce que je n'aime pas en moi ».

Notez, dans 3 colonnes, ce qui vous déplaît en vous : physiquement, sur le plan de votre personnalité, de vos attitudes et comportements.

Prenez une nouvelle feuille, divisez-la en 2 colonnes et notez dans la colonne de gauche ce que vous ne pouvez pas changer (ex : la nature de vos cheveux, votre taille…) et dans la colonne de droite ce que vous pourriez changer (ex : ma timidité ; mon côté impulsif…)

Ce que je n'aime pas en moi

Physiquement	Ma personnalité : mes traits de caractère	Mes attitudes et comportements

Ce que je ne peux pas changer	Ce que je pourrais changer
Exemple : la couleur de mes yeux	Exemple : mon côté impulsif ; le fait que je juge facilement les autres

« L'acceptation de sa propre réalité est le pivot du changement. **»** Henri Matisse

---

Degré 6

S'accepter à ses propres yeux

Pour mieux comprendre :

Cela signifie :

- Accepter son corps, son apparence physique.
- Accepter ses défauts et ses qualités.
- Accepter que nous puissions commettre des erreurs, faire des « mauvais » choix, ne pas prendre les « bonnes » décisions.
- Accepter que nous avons de la valeur et de l'importance, autant de valeur et d'importance que tout être humain, ce qui est à la base d'un respect essentiel de soi-même et des autres.

S'accepter tel-le que vous êtes signifie que vous décidez d'arrêter de juger les aspects de vous que vous n'aimez pas.

Mais s'accepter ne signifie pas justifier ses erreurs en prenant comme excuse : « Je n'y peux rien, je suis comme ça, c'est ma nature, c'est à prendre ou à laisser ». Ce n'est pas non plus faire ce qu'on veut sans tenir compte des autres ou à leur détriment.

S'accepter, c'est prendre conscience du caractère unique de son individualité propre. C'est accepter la possibilité de faire des erreurs. Nous faisons tous des erreurs, l'important est d'utiliser ces erreurs comme leviers de progrès et d'amélioration.

Arrêtez l'habitude de vous comparer à d'autres. Rappelez-vous : chacun de nous est unique ; la comparaison n'a donc pas de sens.

Pour résumer :
S'accepter, c'est être globalement en accord avec soi-même : avec son corps, son apparence physique, avec ses capacités, ses talents et ses manques, ses qualités et ses défauts, dans ses relations avec les autres.
C'est reconnaître sa valeur et son importance, quels que soient son histoire de vie, son parcours, son statut social.
Fondamentalement, s'accepter, c'est savoir que nous avons le droit d'être là et que chacun a sa place et son caractère unique qu'il ne peut comparer à aucun autre.

Ce que dit magnifiquement Joseph Campbell :
« Chacun dans sa vie rapporte un spécimen d'humanité qui n'a jamais été rendu visible dans le monde avant lui. »

Plan d'actions

Exercice 1

Prenez papier et crayon et écrivez : « Ce que j'aime chez moi ».
Je vous rassure : dire ce qu'on aime chez soi ne signifie pas qu'on est prétentieux.

Exercice 2

Prenez une nouvelle feuille et divisez-la en 2 colonnes. Dans la colonne de gauche, inscrivez ce que vous aimez en vous et dans la colonne de droite ce que vous n'aimez pas (exercice précédent).
Si les items de la colonne de droite sont plus nombreux que ceux de la colonne de gauche, votre travail est de trouver d'autres éléments en vous qui sont dignes d'être appréciés. L'objectif étant d'avoir autant d'éléments dans la colonne de gauche que de droite.

Exercice 3

Enfin, prenez un élément que vous n'aimez pas en vous mais que vous ne pouvez pas changer et, face à un miroir, dites-vous, à voix haute : « Je suis ainsi et je n'y peux rien ; et c'est très bien ainsi. »

Puis prenez un élément que vous n'aimez pas mais que vous avez envie de changer et dites-vous : « Voici ce que je n'aime pas en moi et voici ce que je voudrais à la place. »

Enfin prenez un élément que vous aimez en vous et dites-vous : « J'aime ceci en moi ». Terminez par un grand sourire.

> *« Le plus lourd fardeau, c'est d'exister sans vivre. »* Victor Hugo

---

Degré 7

S'accepter aux yeux des autres.

Pour mieux comprendre :

Le manque de confiance en soi empêche de se lancer, d'aller de l'avant : on n'y croit pas, donc on n'essaye pas : même pas la peine de tenter ce concours, puisque je suis nul-le. Même pas la peine d'envoyer mon CV, puisque je n'intéresse personne. Même pas la peine d'aller vers lui/vers elle, puisque je suis moche, pas suffisamment intelligent-e, cultivé-e.

Il a été observé que les personnes qui manquent de confiance en elles, la plupart du temps ont un fort besoin d'être approuvées par autrui.

Elles ont besoin d'être approuvées par leurs amis, leur conjoint, les membres de leur famille, leurs collègues, leurs supérieurs hiérarchiques.

De ce fait, elles dépendent des autres parce qu'elles recherchent leur soutien et, pour recevoir leur approbation, elles essaient de se conformer à ce qu'elles pensent être leurs attentes vis-à-vis d'elles.

Le manque de confiance en nous, qui provient du fait que nous ne nous acceptons pas, nous rend dépendant des autres, de ce qu'ils pensent, de ce qu'ils disent et de ce qu'ils font.

Ce que pensent, disent et font les autres est mieux que tout ce que nous pensons, disons ou faisons. Nous nous mettons ainsi nous-même, systématiquement, en situation d'infériorité vis-à-vis d'eux.

Quand nous ne nous acceptons pas, nous recherchons chez les autres, dans leur regard, dans leurs faits et gestes à notre égard, l'estime et l'appréciation que nous n'arrivons pas à nous donner à nous-même.

Nous avons alors tendance à faire passer leurs intérêts avant les nôtres, non par abnégation, mais pour obtenir d'eux cette reconnaissance et cette estime que nous nous refusons à nous-même.

Comme nous faisons passer les autres avant nous, nous avons des difficultés à dire non : si nous leur refusons ce qu'ils nous demandent, nous nous disons que nous risquons de les perdre.

Quand nous ne nous acceptons pas, nous ne savons pas recevoir les cadeaux ou les compliments parce que nous estimons que nous ne les valons pas. Pourtant, tout ce que nous faisons a pour but de nous faire accepter ou d'attirer un regard bienveillant sur nous.

Nous sommes dans une spirale négative : nous croyons que nous n'avons pas de valeur, en même temps nous attendons des autres qu'ils nous manifestent que nous valons quelque chose à leurs yeux ; et quand on nous fait un compliment, ou qu'on nous dit une parole gentille, nous refusons en disant que nous ne le valons pas.

Nous nous débattons ainsi dans nos contradictions et cela nous fait souffrir. Nous sommes comme « une girouette » qui tourne au gré des pensées, des paroles et des actes d'autrui, que nous interprétons de manière négative vis-à-vis de nous.

Quand nous ne nous acceptons pas, nous n'osons pas nous affirmer, par peur du jugement des autres, mais cela nous frustre.

Quand nous ne nous acceptons pas, nous croyons que les autres nous jugent et nous critiquent.

Quand nous ne nous acceptons pas, nous n'osons pas montrer qui nous sommes vraiment : nous nous cachons derrière l'image que nous voulons renvoyer de nous-même.

Alors comment faire pour commencer à vous accepter ?

D'abord, comme nous l'avons déjà vu, acceptez votre statut d'être humain. Le statut d'être humain, c'est celui d'un individu qui a des défauts, des faiblesses, des qualités, qui commet des erreurs, qui ne fait pas toujours les bons choix au bon moment. C'est ainsi que nous sommes tous.

Plan d'actions

Exercice 1	Exercice 2
Chaque fois que vous surprenez votre « saboteur » en train de vous dévaloriser, arrêtez ce discours intérieur et remplacez-le par cette phrase : « Je fais de mon mieux et j'ai autant de valeur que les autres. »	Vérifiez que vous comptez pour les autres et que vous avez de la valeur à leurs yeux : un collègue vous demande votre avis ; un ami vous fait une confidence ; votre conjoint vous dit qu'il a besoin de votre soutien… Notez dans votre carnet chaque fois que quelqu'un a une parole ou un geste ou une attention positive à votre égard. Et dites-vous : « Cette parole, cette attention, ce geste étaient sincères. Ils montrent que j'ai de la valeur et de l'importance à leurs yeux.»

« Qui a confiance en soi conduit les autres. » Horace

Degré 8

Je prends l'habitude de m'accepter tel-le que je suis.

Pour mieux comprendre :

A première vue, s'accepter est un travail difficile. Cependant, c'est la base de la confiance en soi.

A ce stade, vous avez compris :

- que chacun de nous est unique et que, à ce titre, se comparer aux autres est strictement inutile et toxique ;
- que vous avez autant de valeur que les autres, et que, à ce titre, vous méritez autant qu'eux, vous êtes autant digne qu'eux d'être apprécié-e, estimé-e, aimé-e ;
- que le statut d'être humain implique des erreurs, des imperfections, des faiblesses, qui cohabitent avec des qualités, des talents, des points forts.

Nous avons vu que, ce qui caractérise l'être humain, c'est qu'il n'est pas parfait. S'il n'est pas parfait, c'est qu'il est faillible, c'est-à-dire qu'il commet des erreurs, qu'il se trompe, qu'il n'adopte pas l'attitude la plus appropriée dans telle ou telle situation.

Et, puisqu'aucun de nous n'est parfait, il est également illusoire de croire que nous pouvons atteindre la perfection en matière d'acceptation de soi.

Vous vous déprécierez très probablement de temps à autre, comme tout le monde.

L'objectif est donc de vous accepter plus souvent et plus rapidement, surtout quand vous commencez à vous dévaloriser, à vous dénigrer.

Plan d'actions

Exercices

1. Tous les matins en vous levant et tous les
   soirs en vous couchant, répétez-vous
   plusieurs fois ce que vous aimez bien en
   vous. Si possible, devant votre miroir.

2. Félicitez-vous tous les jours parce que
   vous le méritez. Faites-vous un petit
   cadeau plusieurs fois dans la semaine. A
   qui fait-on des compliments, à qui offre-
   t-on des présents ? Aux personnes qu'on
   aime, qu'on admire, qui ont de la valeur à
   nos yeux. Il s'agit de reconnaître en vous
   la personne de valeur que vous êtes.

3. Chaque jour, dites un commentaire
   positif sur vous et notez-le dans votre
   carnet.

4. Passez une journée sans vous dénigrer, en
   vous abstenant de tout jugement de
   valeur négatif sur vous-même.

TROISIEME PILIER : Agir

*"L'action est le moteur de tout,
puisque le simple fait de faire les
choses les rend possibles. "*
Claude Lelouch

Degré 9

**En quoi agir est-il important pour la
confiance en soi ?**

Pour mieux comprendre :

L'action est le « carburant » de la confiance en soi.
Plus j'agis, plus augmentent ma confiance et mon
estime de moi-même et plus j'ai de facilité à agir ;
et plus augmentent ma confiance et mon estime
de moi-même, etc.

C'est ce qu'on appelle le cercle vertueux, par
opposition à la spirale négative.

L'action est ce qui donne des résultats.

Le pouvoir réside dans l'action. C'est au travers
des expériences que nous nous construisons : on

n'apprend pas à nager en se contentant de lire des manuels de natation.

"Il n'y a qu'une façon d'apprendre, c'est par l'action."
Paulo Coelho

"La connaissance du chemin ne peut pas se substituer au fait de mettre un pied devant l'autre."
Mary Caroline Richards

« Tout paraît impossible jusqu'au moment où l'on agit ; alors, on s'aperçoit que c'était possible. »
Evelyn Underhill

L'action, c'est ce qui permet au rêve de devenir réalité. La confiance en soi augmente au fur et à mesure que vous agissez.

Chaque fois que vous posez une action et que vous obtenez les résultats attendus de cette action, vous renforcez votre confiance en vous. Celui qui a confiance en soi se dit : "Je peux le faire." La confiance en soi s'applique à nos actes. Etre confiant, c'est penser que l'on est capable d'agir de manière appropriée dans les situations importantes.

Plan d'actions

Exercices

Prenez papier et crayon et notez le nom des personnes qui sont pour vous des modèles de confiance en soi.

En face de leur nom, indiquez quelles sont leurs paroles, leurs attitudes, leurs actions qui vous donnent cette impression.

Durant la semaine, vous allez choisir de tester une de leurs paroles ou attitudes ou actions.

Sachez vous féliciter pour chaque action réussie ; notez vos petits succès dans votre carnet ; restez positif-ve.

Quoi qu'il se passe encouragez-vous ! Il est important d'apprendre à se motiver et à s'encourager soi-même. Nous ne pouvons pas toujours compter sur les autres pour nous « booster ».

Exemples de phrases d'encouragement :

« Ce n'est pas facile mais je vais y arriver. »

« Ca ne me motive pas vraiment, mais je vais le faire ! »

« J'ai peur mais je vais agir avec et malgré ma peur. »

« C'est moi qui décide ce qui est bon pour moi et personne d'autre. »

« Courage, tu peux y arriver ! »

> *« Nous sommes un projet en attente d'être réalisé. »* Albert Camus

---

Degré 10

Qu'est-ce qui peut me mettre en mouvement ?

Pour mieux comprendre :

Ce qui va déclencher vos actions, ce sera :
- Un objectif, un but.
- La volonté d'atteindre vos objectifs : votre motivation.
- Un état d'esprit globalement positif.
- L'acceptation simple de vos peurs.

Un objectif, un but.
Arrivé-e à cette étape, il est temps et nécessaire de vous fixer des objectifs pour améliorer et renforcer votre confiance en vous ; ces objectifs seront vos moteurs pour passer à l'action.

La motivation.
Le terme motivation vient du latin « movere », qui signifie se déplacer, se mettre en mouvement. La motivation est donc ce qui met une personne en mouvement .

Dans la motivation, il y a une notion de déclencheur, de stimulation. La motivation est un phénomène dynamique.

Ce mouvement est produit par soi-même : nous nous mettons en mouvement pour répondre à nos besoins, pour réaliser nos objectifs, pour atteindre notre but. Et cela dépend de chacun.

Un état d'esprit positif.
Qui se résume par cette image très connue : est-ce que je décide de voir le verre à moitié plein ou à moitié vide ?

L'acceptation de ses peurs.
Vous avez identifié vos peurs. Vous les voyez en face et vous vous dites : « Avec ma peur, quelle est la plus petite action que je vais quand même poser ? »

Plan d'actions

Exercice 1
Prenez papier et crayon et notez les besoins que vous avez identifiés pour améliorer votre confiance en vous-même.

Formulez ces besoins de la façon suivante :
« J'ai besoin d'apprendre à »
- exprimer ma position en réunion ;
- écouter vraiment ;
- dire non, quand vraiment je ne peux pas ou ne veux pas ;

Etc.

Exercice 2
Parmi les besoins formulés, choisissez les 3 qui sont prioritaires pour vous et transformez-les en objectifs SMART *

Exercice 3
Reprenez vos 3 objectifs SMART et écrivez, en face de chacun d'eux, ce qui vous motive à les atteindre.

* Formuler un objectif SMART

Vérifiez toujours que votre objectif est SMART :

- Spécifique : décrit précisément la situation et les résultats à atteindre. L'objectif est précis et sans équivoque.
- Mesurable : par des indicateurs. En répondant à des questions simples, on peut savoir si l'objectif est atteint ou non.
- Atteignable, Accepté, voire Ambitieux :
- Réaliste : prend en compte les moyens, les compétences disponibles et le contexte.
- Temporel : défini dans le temps avec une durée, une date butoir, des étapes...etc.
- Formulé de manière affirmative (et non avec des négations).
- Ne dépend que de soi.

Exemple : A partir de lundi prochain et toute la semaine, jusqu'à dimanche inclus, chaque fois que je prendrai conscience que je formule une pensée ou une parole négative sur moi-même, je me dirai « STOP » et je me dirai exactement la pensée ou la parole inverse.

« Qui veut faire quelque chose trouve un moyen, qui ne veut rien faire, trouve une excuse. » Proverbe arabe

---

Degré 11

Quand agir ?

Pour mieux comprendre :

« Echouer, c'est avoir la possibilité de recommencer de manière plus intelligente. »
Henry Ford

« Il est dur d'échouer ; mais il est pire de n'avoir jamais tenté de réussir. »
Franklin Roosevelt

« Les difficultés ne sont pas faites pour abattre mais pour être abattues. »
Montalembert

« Ce n'est pas parce que les choses sont impossibles que nous n'osons pas, c'est parce que nous n'osons pas qu'elles nous semblent impossibles. »
Sénèque

« Faites ce dont vous avez peur et votre peur
mourra. »

Ralph Emerson

« Nos doutes sont des traîtres, et nous privent de
ce que nous pourrions souvent gagner de bon,
parce que nous avons peur d'essayer. »

William Shakespeare

Je vous propose cette fois-ci de braquer le
projecteur sur les freins qui vous empêchent de
passer à l'action.

Avez-vous déjà entendu parler du syndrome de la
piste de décollage ? Nous sommes prêts à prendre
notre envol, nous sommes prêts et nous
commençons à avancer sur la piste de décollage
mais, contrairement à l'avion, nous ne décollons
jamais parce que nous n'en finissons pas de
prendre notre élan et la piste s'allonge, s'allonge et
notre gros avion reste piteusement au sol et ne
fait que rouler sans jamais réaliser ce pour quoi il a
été conçu, c'est-à-dire VOLER !

Le syndrome de la piste de décollage se traduit par
ce genre de phrases : « Je le ferai » :
«Quand j'aurai plus d'argent».
«Quand j'aurai plus de temps».
« Quand je connaîtrai parfaitement les produits ».

« Quand j'aurai suivi cette formation ».

« Quand je serai convaincu-e que je peux réussir».

...

En fait, les questions qui nous empêchent de bouger, de nous mettre dans l'action ressemblent à : « Vais-je réussir ? » ; « En suis-je capable ? »... Ces questions qui traduisent nos peurs, notre manque de confiance en nous.

Vous vous reconnaissez ?

Alors, d'après vous, quel est le bon moment pour commencer ?

MAINTENANT !

Expérimenter est indispensable, fondamental, car c'est à travers les actions que l'on apprend à se connaître, à apprivoiser sa personnalité.

Nous avons vu précédemment que l'un des facteurs nécessaires au passage à l'action est d'accepter ses peurs. Ce sera la meilleure façon de les surmonter.

L'obstacle majeur qui nous empêche de passer à l'action, c'est la PEUR :

- La peur de prendre de mauvaises décisions.
- La peur de l'inconnu.
- La peur d'être jugé-e.

- La peur de paraître ridicule.
- La peur de commettre des erreurs.
- La peur de ne pas atteindre ses objectifs.
- La peur du changement.
- La peur des responsabilités.
- La peur d'éprouver des émotions désagréables.
- La peur du rejet.
- La peur du succès aussi.

Vous voici devant un obstacle vraiment majeur. Pourquoi ?

Parce que, certes, rationnellement, vous identifiez votre peur et vous vous dites que vous allez passer outre. Mais, en votre for intérieur, c'est au niveau des émotions que cela se passe et vous aurez beau vous raisonner, votre émotion PEUR vous empêchera de passer à l'action.

Que nous dit la peur, quel message nous délivre-t-elle quand nous la ressentons ? La peur nous indique un danger, une menace dont il faut se protéger. La peur est notre instinct de survie car quand nous la ressentons, nous nous protégeons sans réfléchir. Le danger, la menace sont physiques et mentaux. Dans le cas du danger physique, les choses sont claires. Je suis effectivement ou pas en danger.

Je m'explique : vous vous promenez dans une forêt à la tombée de la nuit ; vous ne connaissez pas bien cette forêt ni le sentier. Soudain vous apercevez quelque chose de sinueux qui se faufile à quelques mètres de vous. A ce moment-là, vous êtes étreint par la peur : un serpent ! Et, sans réfléchir, vous rebroussez chemin en prenant vos jambes à votre cou.

Etait-ce réellement un serpent ? Vous n'en saurez rien.

Ce qu'il faut retenir de cet exemple, c'est que la peur est déclenchée, non pas forcément par la réalité, mais par la PERCEPTION que nous avons de la réalité.

Revenons à notre liste de peurs. Il ne s'agit pas là de menaces ou de dangers, mais de peurs issues des représentations, de la perception que nous nous faisons de notre réalité.

La peur nous délivre également un autre message : si j'ai peur, c'est que je ne me suis peut-être pas suffisamment préparé-e.

Par exemple, la peur peut m'indiquer que je n'ai pas suffisamment :
- Préparé mon dossier.
- Préparé mon entretien de recrutement.
- Préparé ma présentation d'affaire.

- Préparé ma réunion.
- Préparé mon plan d'actions.
- Etc.

En ce cas, il vous suffit de vérifier que vous êtes au point.

Vous venez de vérifier et tout est ok pour vous. Cependant, vous êtes encore étreint par la peur. Cela signifie que, avant même de penser à poser des actions, il va vous falloir travailler sur vos peurs.

« Que feriez-vous si vous n'aviez plus peur ? » *Spencer Johnson*

Plan d'actions : faire de sa peur son alliée

Exercice 1	Exercice 2
Prenez papier et crayon et notez votre peur (ou vos peurs) qui vous empêche d'agir. De quoi avez-vous peur ? Passez en revue la liste des différentes peurs et cochez celles dans lesquelles vous vous reconnaissez.	A présent, vous voyez votre peur en face et vous vous dites : « Avec ma peur, quelle est la plus petite action que je vais quand même mener ? » Reprenons notre exemple : « J'ai peur d'être ridicule si j'exprime mon avis. » Or, la semaine prochaine, j'ai une réunion : « Avec ma peur, quelle est la plus petite action que je vais quand même mener ? » Ce pourrait être : lors de la réunion, vous n'exprimez pas votre avis, mais vous vous le formulez mentalement. De retour chez vous, vous vous le dites à haute voix en vous regardant dans le miroir. Et en vous entendant, vérifiez si vous vous sentez ridicule…

« Aie confiance en toi-même, et tu sauras vivre. » Goethe

Degré 12

Comment agir ?

Pour mieux comprendre :

En douceur tout simplement….

Les actes sont en quelque sorte la gymnastique d'entretien de la confiance en soi. La vie quotidienne nous fournit une foule de petits objectifs qui, une fois atteints, nous permettent de ressentir une amélioration de notre confiance en nous.

C'est simple : vous avez vos objectifs. Vous les prenez un par un et vous vous posez la question suivante : « Quelle est la plus petite action que je peux mener dès aujourd'hui, qui me permettra de commencer à me rapprocher de mon objectif ? »

Vous vous rappelez de cet adage archi connu et tellement cité parce que tellement vrai : « Un voyage de mille lieues commence toujours par un premier pas. » Lao Tseu

Ce que vous avez à faire, dès à présent, c'est de matérialiser votre premier pas. Quittez la piste de décollage, c'est une impasse pour vous, une ornière dans laquelle vous allez épuiser vos forces et qui va vous conduire au découragement.

Faites votre premier pas, un premier tout petit pas, même minuscule, mais un pas en avant. Et plus vous avancerez pas à pas, et plus vous gagnerez en confiance, et plus les pas suivants vous seront de plus en plus faciles à faire.

Qu'est-ce que cela peut être un petit pas ? Un pas même minuscule, mais un pas quand même ? Ce peut être :

- Planifier une action dans votre agenda.
- Sortir un document de votre dossier.
- Vous visualiser en train de passer cet appel que vous appréhendez.
- …

Notez tout de suite votre première petite action. Notez-la dans votre carnet, dans votre agenda.

Dès que nous envisageons de mener une action qui sort de notre routine, un appendice -

l'amygdale - logé dans le cerveau émotionnel, «tire la sonnette d'alarme ». L'émotion de la peur est alors plus forte que notre décision rationnelle, intellectuelle de changement.

D'où la puissance et l'efficacité de la méthode Kaizen, développée par Robert Maurer dans son ouvrage « Un petit pas peut changer votre vie » : en se fixant de minuscules objectifs, pas à pas, l'amygdale ne réagit pas, « on la contourne » en quelque sorte et on réussit à poser l'action prévue.

En établissant des changements infimes, on permet au cerveau d'établir de nouveaux circuits nerveux, et de mettre ainsi en place de nouvelles habitudes, qui vont instaurer progressivement les changements souhaités.

La méthode Kaisen préconise ces minuscules actions, imperceptibles pour l'amygdale et qui nous permettent d'améliorer notre quotidien.

Vous allez donc apprendre à passer à l'action en douceur et à vous assurer ainsi que vous allez mener toutes les actions pour renforcer votre confiance en vous, « lentement mais sûrement » et sur la durée.

Plan d'actions : Agir en douceur

Exercices

Reprenez vos objectifs et toutes les actions que vous avez envisagé de mener et que vous n'avez pas encore eu le temps ou le « courage » de poser.
Prenez papier et crayon et décomposez-les en leurs éléments les plus petits.

Par exemple : vous manquez de confiance en vous quand il s'agit de rédiger une présentation.
Quelle plus petite action vous rapprochera de votre objectif ?
Ce pourrait être tout simplement écrire un seul paragraphe par jour pour commencer, pendant toute une semaine.
Puis, la seconde semaine, en rédiger deux autres et augmenter ainsi chaque semaine jusqu'à l'atteinte de votre objectif. A vous de voir comment vous augmentez.

Le secret est le suivant : quand vous envisagez l'augmentation, si vous ressentez une crispation intérieure, c'est que c'est trop pour vous. Augmentez tant que vous vous sentez à l'aise intérieurement, tant que vous n'avez pas une sensation de contrainte ou de forçage. Dès que la crispation se fait sentir, c'est que vous avez atteint la limite à ne pas dépasser (sinon la résistance ou la peur seront déclenchées par l'amygdale).

QUATRIEME PILIER :
S'affirmer

« Si je suis différent de toi, loin de te léser, je t'augmente. »
Antoine de Saint-Exupéry

Arrivé-e à cette étape, vous vous connaissez beaucoup mieux ; vous vous acceptez tel-le que vous êtes, au moins à 80 % à présent ; vous avez pris l'habitude d'agir ; vous avez ainsi commencé à développer trois aptitudes sur lesquelles vous allez pouvoir vous appuyer pour développer la quatrième qui est celle de l'affirmation de soi. L'affirmation de soi prend sa source dans une attitude intérieure qui consiste à croire que nous avons une valeur.

Degré 13

Qu'est-ce que l'affirmation de soi ?

Pour mieux comprendre :

L'affirmation de soi est une manière d'être qui démontre que nous nous respectons nous-même et que nous respectons l'autre.

C'est la capacité à agir selon ses valeurs, ses croyances, ses opinions tout en acceptant les valeurs, les croyances et les opinions de nos interlocuteurs.

C'est également l'aptitude à définir clairement sa position, à la faire connaître, à la défendre sans agressivité tout en admettant des positions différentes de la part des autres.

Je vous propose d'étudier l'affirmation de soi selon ses deux aspects : l'aspect non-verbal et l'aspect verbal. Corps et parole.

L'affirmation de soi par le corps :
Les récentes études, notamment menées par Amy Cuddy, démontrent que « notre langage corporel détermine aussi la manière dont nous nous percevons nous-même. La manière dont vous menez votre corps façonne la manière dont vous menez votre vie. »

L'affirmation de soi, qui est l'un des 4 piliers de la confiance en soi, passe d'abord par l'ancrage corporel. Les techniques verbales d'affirmation de soi seront d'autant plus efficaces que vous les déroulerez sur une base corporelle solide.

Amy Cuddy propose, chaque fois que nous devons affronter une situation qui nous fait perdre confiance, de prendre une des postures de puissance qu'elle a identifiées.

L'affirmation de soi par la parole :
S'affirmer, de manière appropriée, s'appelle être assertif.

L'affirmation de soi, selon la technique de l'assertivité, suppose que nous avons suffisamment confiance en nous-même pour exprimer nos sentiments, nos émotions, nos besoins, sans crainte du regard ni du jugement d'autrui.

L'assertivité, c'est la capacité à s'exprimer librement et à défendre ses droits sans empiéter sur ceux des autres. C'est savoir poser et faire respecter ses limites.

Pratiquer l'assertivité permet de s'affirmer avec les autres, dans une attitude de coopération :
- en défendant son point de vue sans attaquer les autres,
- en exprimant librement ses sentiments,
- en instaurant des relations « gagnant-gagnant », et non plus « gagnant-perdant », fondées sur la confiance et non sur la domination.

L'affirmation de soi permet d'instaurer des relations saines car elle favorise la confiance et la compréhension mutuelle : « ni hérisson, ni paillasson ».

Et tout cela n'est possible que si nous avons suffisamment confiance en nous.

Elle permet notamment :
- De se faire entendre.
- De faire des demandes.
- D'exprimer des critiques.
- De savoir dire non, sans agressivité ni culpabilité.
- D'exprimer ses sentiments, ses émotions, ses besoins.
- De répondre à des demandes.
- De répondre à des critiques.
- D'accepter et de faire des compliments.
- De ne pas se justifier.
- De reconnaître ses erreurs sans culpabiliser.
- De prendre sa place.
- De donner son opinion sans crainte.
- De ne plus « se laisser marcher sur les pieds ».

- D'être à l'aise dans toutes les situations de communication.

A ce stade, vous connaissez vos points forts et vos points à améliorer, vous avez commencé à vous accepter ; votre confiance en vous s'est développée, s'est renforcée, notamment grâce à vos actions. Vous êtes prêt-e pour votre prochain plan d'actions.

« Faites confiance à votre instinct. Il vaut mieux que les erreurs soient les vôtres, plutôt que celles de quelqu'un d'autre. » Billy Wilder

Plan d'actions

Exercice 1	Exercice 2
Prenez papier et crayon et décrivez, de manière très précise et très concrète les 3 situations dans lesquelles vous avez du mal à vous affirmer.	Puis, pour chacune de ces 3 situations, notez ce qui vous empêche de vous affirmer.

« La souffrance majeure de l'être humain, c'est de ne pas communiquer avec les autres. » Françoise Dolto

---

Degré 14

Comment s'affirmer
Comment appliquer les principales techniques de l'affirmation de soi ?

Plan d'actions

Exercice 1 Posture mains sur les hanches	Exercice 2 Posture bras levés en V
Pensez, successivement, à chacune des 3 situations en vous tenant debout, le dos bien droit, le menton relevé, grandissez-vous et posez-vos mains sur vos hanches. Tenez la posture pendant au moins 2 minutes.	Pensez, successivement, à chacune des 3 situations en vous tenant debout, le dos bien droit, le menton relevé, grandissez-vous et levez les bras en V. Tenez la posture pendant au moins 2 minutes.

Exercice 3
Résultats
Notez ce que vous observez lorsque vous tenez les postures de puissance et comment vous vous ressentez quand vous vous retrouvez dans l'une ou l'autre de ces 3 situations.

Plan d'actions

Exercice 1
Prenez papier et crayon. Pensez à une personne que vous connaissez directement ou indirectement et qui, selon vous, sait s'affirmer. Notez ce qui, chez cette personne, vous montre qu'elle s'affirme : qu'est-ce qui, dans ses paroles, ses attitudes, ses actes vous démontre cela ? Choisissez parmi les caractéristiques qui la distinguent, 5 caractéristiques qui vous paraissent indispensables à l'affirmation de soi. Classez ces 5 caractéristiques par ordre d'importance pour vous (de 1 à 5). Puis, pour chacune de ces caractéristiques, notez, en face, à combien vous vous situez, sur une échelle de 0 à 10.

Exercice 2

Pour chacune des 5 caractéristiques, écrivez la plus petite action que vous pouvez mener pour passer au niveau immédiatement supérieur de l'échelle

Exemples :
1. Elle donne son avis sans crainte du jugement des autres.
2. Elle a une démarche assurée.
3. Elle est sûre d'elle.
4. Elle sait dire non avec un grand sourire.
5. Elle a conscience de sa valeur.

Pour passer au niveau immédiatement supérieur :
1. Je m'entraîne à exprimer mon avis à haute voix devant le miroir.
2. Je redresse les épaules quand je marche.
3. Je garde plus longtemps le contact visuel avec mon interlocuteur.
4. Je repense à une situation et, à haute voix devant le miroir, je dis non.
5. J'écris dans mon carnet l'affirmation : « Tous les êtres humains ont la même valeur. J'ai autant de valeur que les autres. » Et je la lis plusieurs fois par jour.

« Pour faire de grandes choses, il ne faut pas être au-dessus des hommes, il faut être avec eux. » Montesquieu

---

Degré 15

Comment s'affirmer ? Comment appliquer les principales techniques de l'affirmation de soi ? (suite)

Pour mieux comprendre :

Maintenant, vous respecter vous-même consiste à vous accorder tout le crédit que vous méritez.

Cela consiste également à vous persuader que votre point de vue a autant de valeur que celui d'une autre personne, même si celle-ci est socialement ou professionnellement plus reconnue que vous.

La capacité clé à développer à partir d'aujourd'hui est la suivante : établir une relation d'égal à égal. C'est d'elle que découlent les autres capacités.

Etablir une relation d'égal à égal est le préalable qui vous permet ensuite d'être à l'aise dans toutes les autres situations dans lesquelles vous souhaitez vous affirmer :

- faire des demandes,
- dire non,
- exprimer ses sentiments, ses émotions, ses besoins,
- répondre à des demandes,
- répondre à des critiques,
- ne pas se justifier,
- reconnaître ses erreurs sans culpabiliser.

Plan d'actions :
Etablir une relation d'égal à égal

Exercice 1

Vous allez vous exercer à vous positionner dans une relation d'égal à égal avec vos différents interlocuteurs.

Pour cela, vous devez être conscient-e de votre valeur et reconnaître la valeur de votre interlocuteur SANS VOUS COMPARER A LUI !

Ecrivez une situation dans laquelle vous avez des difficultés à vous positionner sur un pied d'égalité avec votre interlocuteur.

Ecrivez ce qui vous en empêche, ce dont vous avez peur... ce qui fait que vous vous dévalorisez à vos propres yeux.

Exercice 2

Une fois le matin et une fois le soir, prenez quelques minutes, isolez-vous dans votre salle de bain et regardez-vous dans le miroir : prenez conscience que vous avez autant de valeur que n'importe qui d'autre sur cette planète. Tous les êtres humains ont la même valeur.

Ce qui nous différencie les uns des autres, ce sont nos parcours de vie, mais, à la base, aucun n'est supérieur, sur le plan de l'être, à un autre.

Votre valeur en tant qu'être humain, qui est la même que tous les êtres humains sur la planète, se situe dans l'ETRE.

Le reste est du domaine de l'AVOIR : j'ai plus de diplômes, plus de cheveux, plus de centimètres…

Prenez conscience que les relations s'établissent d'ETRE humain à ETRE humain.

Exercice 3

Visualisez la situation que vous avez décrite dans l'exercice 1, imaginez-vous face à cet interlocuteur.

Visualisez-vous en train de lui parler d'ETRE à ETRE. Sentez-vous à l'aise ; ressentez cette satisfaction de pouvoir vous exprimer sans peur.

Rappelez-vous : ce qui vous différencie, ce n'est pas la valeur : il n'est pas plus que vous ; c'est la position que vous occupez l'un et l'autre.

Cette position peut être socialement, hiérarchiquement supérieure, mais cela n'est que « géographique » ; cela n'ajoute rien ni n'enlève rien à votre valeur.

« La confiance en soi est le premier secret du succès. » Ralph Waldo Emerson

---

Degré 16

Comment s'affirmer ? Comment appliquer les principales techniques de l'affirmation de soi ? (fin)

Pour mieux comprendre :

Voici 3 techniques puissantes d'affirmation de soi.

Technique 1 : Faire une critique : la méthode DESC

Attention : il s'agit d'émettre une critique sur un comportement et non sur la personne.

D	Décrire la situation, les faits.
E	Exprimer ses émotions, ses sentiments en disant JE ou CELA ME.
S	Suggérer une solution positive, précise, réalisable par l'autre, en disant JE.
C	Conclure par les conséquences positives pour tous si l'autre accepte votre solution.

Exemples :

Dans la sphère professionnelle

1. "Quand, hier, tu m'as interpellé-e dans le couloir en me disant que tu voulais me voir tout de suite à propos du dossier Z."
2. "Cela m'a agacé-e."
3. " Je te propose de me prévenir quand tu veux discuter avec moi d'un dossier "
4. " Cela nous fera gagner du temps à tous les deux".

Dans la sphère privée

1. « Hier, quand j'ai pris la voiture, j'ai dû aller à la station prendre de l'essence parce qu'il n'y en avait pas assez pour faire mon trajet et cela m'a mis-e en retard. »
2. « Du coup, j'étais en colère. »
3. « Aussi, je te demande que tu penses à mettre de l'essence dans la voiture avant que je la récupère. »
4. «Ainsi, j'aurai l'esprit tranquille car je serai assuré-e d'avoir suffisamment d'essence pour faire mon parcours. Bien sûr, je ferai de même».

Technique 2 : La technique de l'édredon

La technique est - par analogie à l'édredon - un moyen doux qui consiste à prendre acte des propos de l'interlocuteur sans émettre d'avis personnel, sans entrer dans le fond du débat, mais sans abandonner sa position.

On exprime soit des faits, soit des opinions, soit des sentiments.

- **Un fait** est incontestable.
- **Une opinion** est un jugement, un avis.
- **Un sentiment** est une émotion, une sensation, une impression.

Si l'on vous fait une remarque à propos d'un fait, répondez : « **Effectivement.** », « **C'est exact.** », « **C'est un fait.** »

Si votre interlocuteur formule une opinion, dites : « **C'est votre point de vue.** », « **C'est possible.** »

Si votre interlocuteur exprime un sentiment, une émotion, répondez : **« Je vous comprends. »**

Exemple 1 :

- « Vous êtes en retard de 5 minutes. » (c'est un fait)
- « Effectivement. »

Exemple 2 :
- « Vous êtes toujours en retard ! » (c'est une opinion)
- « C'est votre point de vue. »

Exemple 3 :
- « Votre façon de parler est très irritante. » (c'est une sensation)
- « Je vous comprends. »

Technique 3 : Le disque rayé
Cela consiste simplement à **répéter la même phrase** dans une conversation, chaque fois que votre interlocuteur se montre insistant alors que vous lui avez déjà expliqué de manière complète la situation ou votre position, ou encore quand vous êtes face à une personne de mauvaise foi.

On répète la même phrase, comme le ferait un disque rayé… **autant de fois que nécessaire.** De même qu'un disque rayé qui répète la même plage mélodique, sans s'énerver, sans changer de ton.

Voici un exemple :
« Peux-tu me prêter ta voiture ? »
« Non, je n'y tiens pas. »
« Pourquoi, je vais y faire attention. »
« Non, je n'y tiens pas. »

Comme on peut le voir dans cet exemple, le tout est de tenir le cap sans tomber dans le piège de l'énervement ou de l'agacement ou encore dans la justification.

Restez calme

La technique du disque rayé est très efficace à la condition que vous restiez calme. Vous vous contentez simplement de répéter votre phrase, sur un ton neutre, sans aucune agressivité ni aucune ironie.

Je vous invite à pratiquer ces 3 techniques. A les pratiquer jusqu'à les maîtriser.

Plan d'actions :
Tester les différentes techniques

Exercice 1

Choisissez une des 3 techniques.

Ecrivez 3 situations qui vous posent difficulté et auxquelles vous allez appliquer la technique choisie.

Testez sur la 1ère situation.

Notez vos observations, vos résultats.

Exercice 2

Testez sur la 2ème situation.

Notez vos observations, vos résultats..

Exercice 3

Testez sur la 3ème situation.

Notez vos observations, vos résultats.

Exercice 4

Si les résultats sont concluants, vous pouvez passer à la seconde technique et vous procèderez de la même façon.

Si les résultats ne sont pas concluants, vous reprenez la semaine suivante.

Autodiagnostic de fin de programme

Attribuez-vous 1 point chaque fois que vous vous reconnaissez dans les situations décrites :

1. Vous êtes en réunion et vous n'osez pas prendre la parole. Vous avez peur de ce que les autres vont penser ou dire de vous. Vous avez peur de paraître ridicule.
2. Vous n'osez pas dire non : à vos collègues, à votre conjoint, à votre famille.
3. Vous avez du mal à faire des demandes : vous n'osez pas demander à votre conjoint d'aller faire une balade ; à vos parents d'arrêter de se mêler de vos affaires ; vous n'osez pas demander à votre chef de service de clarifier un point.
4. Vous avez du mal à vous faire respecter. Vous vous « laissez marcher sur les pieds ». Comme vous le dites « Trop bon, trop con. » En effet, vous n'osez pas vous faire respecter, dire non, vous acceptez encore et toujours. Vous dites que l'autre abuse, mais vous vous laissez faire.

5. Vous ne savez pas quoi répondre à une remarque injustifiée ; vous n'avez pas le sens de la répartie. Vous ne dites rien et vous partez, blessé-e, mécontent-e de vous.
6. Vous perdez vos moyens quand vous êtes dans une situation à fort enjeu pour vous (entretien d'évaluation, de recrutement, examen oral...)
7. Vous n'osez pas dire ce que vous pensez par peur de paraître ridicule ou d'être rejeté-e.
8. Vous doutez de vos qualités, de vos compétences, vous vous trouvez nul-le.
9. Une opportunité professionnelle se présente et vous correspondez au profil recherché. Vous aimeriez bien candidater, mais vous n'avez pas suffisamment confiance en vous, et vous n'osez pas agir : vous ne postulez pas.

Vous avez progressé de façon significative !
Bravo !

Bibliographie

Un petit pas peut changer votre vie –
Robert Maurer – Editions Le livre de poche

Les mots sont des fenêtres –
Marshall B. Rosenberg – Editions La Découverte

Affirmez-vous ! Pour mieux vivre avec les autres –
Dr Frédéric Fanget – Editions Odile Jacob

Oser – thérapie de la confiance en soi –
Dr Frédéric Fanget - Editions Odile Jacob

Les 6 clés de la confiance en soi –
Nathaniel Brandon - Editions J'ai Lu

Estime de soi, confiance en soi –
Josiane de Saint Paul - Interéditions

Le pouvoir des croyances –
Ray Dodd – Editions Jouvence

La confiance en soi pour les nuls –
Kate Burton et Brinley N. Platts – First Editions

Comment avoir de bonnes relations avec les autres - *Dr Christian Zacsyk* - Editions Odile Jacob

Se sentir bien dans sa peau –
Dr Maxwell Maltz – Editions Christian Godefroy

Développez votre confiance en vous –
Lionel Bellanger – ESF Editeur

Oser être soi-même –
René de Lassus – Editions Marabout

Dire non, ça s'apprend –
Dominique Fromm – Editions Pocket Evolution

L'intelligence émotionnelle –
Daniel Goleman - Editions Pocket

Cultiver l'intelligence relationnelle –
Daniel Goleman - Editions Pocket

Le livre des petites révolutions –
Elsa Punset – Editions Harmonie Solar

Montrez-leur qui vous êtes –
Amy Cuddy - Editions Marabout

Croire en soi – Editions Helen Exley

Allez les filles ! - Editions Helen Exley